¡Sssssshhhhhhhhhh!

Haz del teatro algo íntimo

Llévalo siempre en el bolsillo

Cubierta y diseño editorial: Éride, Diseño Gráfico
Dirección editorial: ángel jiménez

Primera edición: mayo, 2024

Cinco hermanas
© Ana Hurtado
© VdB, 2024
Espronceda, 5
28003 Madrid

VdB

ISBN: 978-84-19850-43-0
Depósito Legal: M-12470-2024
Diseño y preimpresión: Éride, Diseño Gráfico

 Este libro protege el entorno

cinco hermanas

Ana Hurtado
(Priego, Córdoba)

Dramaturga, actriz, productora teatral y directora de escena. Estudió Filosofía y Letras en la Universidad Autónoma de Madrid, Piano en el Real Conservatorio y Canto en la Escuela Superior de Canto, también de Madrid. Es diplomada en Inglés por el *Trinity College* de Dublín. Especialista en teatro del Siglo de Oro español y profesora de verso, interpretación y técnica vocal.

Actriz con una amplia carrera teatral ha trabajado con la Compañía Nacional de Teatro Clásico en obras como *El médico de su honra*, *El alcalde de Zalamea*, *El perro del hortelano*, *El lindo don Diego*, *Los locos de Valencia* o *Antes que todo es mi dama*. En televisión participó en las series *Hermanos de leche*, *Los esperpentos*, *El síndrome de Ulises*, *El Súper*, *Calle Nueva* o *The Golden Voice*, para la televisión australiana, entre otras.

Dirigió la ópera barroca *Dido y Eneas*, la obra teatral *Femenino singular* y *Cinco hermanas*.

Es autora de obras teatrales como *La reunión*, *Bar El Capricho*, *La cena*, *Nunca es tarde* y *Rosa rosae*; y del libro de relatos *Mariposas. Relatos de interior.*

ANA HURTADO

cinco hermanas

Esta obra se estrenó en la parroquia Nuestra Señora del Rosario[*] de Hoyo de
Manzanares, Madrid, el 21 de junio de 2018 interpretada por estudiantes
de la escuela aD de Danza y Teatro de Hoyo de Manzanares con el siguiente
reparto: Cristian Rivera (PADRE), Elena González (MADRE),
Adriana Santander (NINES), Lena Navarro (TERE), Inés Álvarez (AMALIA),
Celia Ortega (PILI), Alicia Sabariegos (YOLI) y Silvia Sanz (VECINA).

---

[*] Sí, en una parroquia porque a última hora falló el teatro de Las Cigüeñas
y el párroco del pueblo, amante del teatro, ofreció su parroquia
en la que desmontó todo el altar para colocar la escenografía.

Personajes

PADRE
MADRE
TERE
AMALIA
YOLI
PILI
NINES
VECINA

Comedia en un acto

En el escenario una mesa con mantel.

PADRE   (*En off.*) ¡Corred, corred! ¡Que ya empieza!

(Entra la MADRE *con una pila de platos.)*

MADRE   ¡Para discursos estoy yo! ¡A ver si alguien me echa una mano! ¡Caramba!

PADRE   (*En off.*) ¡Venga! ¡Os lo vais a perder!

MADRE   ¡Lo que os vais a perder es la cena como no vengáis a poner la mesa!

PADRE   (*En off.*) ¡Qué pena! ¡Con lo que me gustaría que lo escucháramos todos juntos!

MADRE   (*Gritando hacia donde está el* PADRE.) ¡Si quieres te lo cuento yo mientras ponemos la mesa…«es para mí un orgullo y satisfacción…».

(Entra TERE *muy alterada.)*

TERE   ¡Está perdida! ¡Jamás podrá encontrar la casa! ¡Dios mío!

MADRE   ¡Hija! ¿Qué ocurre?

TERE   ¡Ay, mamá!

           (*Rompe a llorar.*)

MADRE   ¡Pepe, Pepe!

PADRE   (*En off.*) ¡Un momento, que ahora viene lo más interesante!

MADRE   ¡De verdad que no me puedo creer lo de tu padre! ¡Todos los años se sienta delante del televisor a escuchar lo de siempre!

TERE   ¡Mamá, no estoy para tonterías! ¡Está ocurriendo una tragedia!

MADRE   ¡Ay, hija! ¡No me asustes! ¿Qué ocurre?

TERE   ¡Julia se ha quedado sin batería!

MADRE   ¿Julia? ¿Quién es Julia?

TERE   ¡Mi amiga! ¡La que hemos invitado a cenar!

MADRE   ¿Hemos invitado a cenar a alguien?

TERE   ¡Sí, mamá! ¡A Julia!

MADRE   ¡Ah, bueno! ¡Pues que venga! ¡Pero me tendrías que haber avisado antes! ¡Espero que haya comida suficiente!

TERE	Julia es de poco comer.
MADRE	¡Mejor!
TERE	¡Pero no va a poder venir, mamá! ¡¿Te das cuenta del grave problema?!
MADRE	No hija, ningún problema, no pasa nada. ¡Otro año será! Anda, ayúdame a poner la mesa.
TERE	Pero, ¿cómo puedes quedarte tan tranquila y decirme que ponga la mesa? ¿No te das cuenta de que estoy pasando por un momento dramático?
MADRE	¡Más dramático va a ser como se me hinchen las narices y aquí no cena ni dios!
PADRE	(*En off.*) ¡Esa boquita, Manoli!
MADRE	¡Ay, Señor! (*A* TERE.) ¡Tere, deja ya de lloriquear y ayúdame! Que si viene tu amiga se va a encontrar con la mesa sin poner y la cena a medio hacer.
TERE	¡Pero que no va a poder venir! ¡Que está sin batería!
MADRE	¡Bueno pues ya está! A veces pasa. Que un coche no arranque no es ninguna tragedia, es lo más normal del mundo. Llámala y dile que no se preocupe, que lo entendemos y

que es muy mala noche para coger un taxi. Así que nada. Se lo dices y que se quede tranquila.

TERE   Pero ¿de qué coche hablas? ¡Si Julia no conduce!

MADRE   ¿Y pretende coger el coche sin carnet? ¡Menuda irresponsabilidad! ¡Me alegro de que no tenga batería!

TERE   ¡Mamá! ¡No comprendes nada!

(*Entra* AMALIA *disfrazada de Papá Noel.*)

AMALIA   ¡Navidad, Navidad, lalalalalá…!

TERE   ¡Cállate! ¡No estamos para cancioncitas!

AMALIA   ¡No estarás tú! ¡Yo, sí! ¡Es Navidad! (*Canta el tema de Perales.*) «Que canten los niños, que alcen la voz, que hagan al mundo escuchar. Que unan sus voces y lleguen al sol. En ellos está la verdad…».

TERE   ¡Basta! ¡Déjame en paz!

(*Sale corriendo.*)

AMALIA   ¿Qué le pasa? ¿Qué le he hecho?

MADRE   Nada, hija. Debe ser cosa de la edad. ¡Está de un ñoño! ¡Anda, ayúdame a poner la mesa!

AMALIA   ¿Yo? ¿Y las demás, qué? ¡Siempre me toca pringar a mí!

MADRE   Venga, ve a por los cubiertos, que aquí la única que siempre pringa soy yo.

(*Salen las dos. La hija va cantando la canción «Adolescencia», de Perales. Entra* YOLI. *Va super moderna y con unos taconazos de vértigo que le impiden caminar con normalidad. Se va agarrando a la mesa.*)

YOLI   ¡Uff! Tengo que trasladar esto a tik tok: son una monada, pero no sirven para andar… ¿Dónde está todo el mundo? ¡Hola! ¿Hay alguien en casa?

PADRE   (*En off.*) ¡Sí! ¡Estoy aquí! ¡Ven!

YOLI   No puedo…

(*Sube un pie a la mesa. Entra la* MADRE *con vasos, seguida de* AMALIA *con un cuchillo y un tenedor y cantando «A ti mujer».*)

MADRE   ¡Quita ese pie de la mesa!

YOLI   (*Mirando a su hermana con sorpresa.*) ¿De qué te has vestido?

AMALIA   Yo de Papá Noel. ¿Y tú?

YOLI   ¡Estás hecha un fantoche!

AMALIA   ¡Pues anda que tú!

MADRE   ¿Queréis dejar de pelearos y ayudar con la mesa?

PADRE   (*En off.*) Eso no es pelearse, Manoli. Deja que las niñas se expresen.

MADRE   ¡Tú estate a lo tuyo!

PADRE   (*En off.*) Mis hijas son también lo mío.

MADRE   ¿Y la cena? ¿Es también lo tuyo o eso es solo cosa mía? ¡Venga, vamos a terminar de poner la mesa!

AMALIA   Yo ya he traído mi cubierto.

MADRE   ¡Ah, estupendo! Pues yo voy a hacer ¡mi! cena; a poner ¡mi! plato y que los demás se apañen.

YOLI   Yo ayudaría si pudiera, pero los zapatos me están matando.

(*Entra* PILI *muy indignada.*)

PILI   ¡No puedo con esto! ¡De verdad que no puedo!

MADRE	¿Qué te pasa a ti ahora?
PILI	¡Van a desaparecer, mamá! ¡Debemos hacer algo!
MADRE	¿Qué es lo que va a desaparecer? ¡No paráis de darme disgustos!
PILI	¡Los osos!
MADRE	¿Qué osos?
PILI	¿Cómo que qué osos? ¿En qué mundo vives, mamá? ¡Los osos polares!
MADRE	¡Ah, hija! ¡Me habías asustado! ¡Anda, ayuda a poner la mesa!
AMALIA	¿Van a desaparecer para siempre? ¿Hoy? ¡Pues qué penita! ¡Son tan monos! A mí me encanta el anuncio de Santa Lucía… ¿O es de Don Limpio? ¡Vaya! No me acuerdo. Pero me encantan esos ositos tan blanquitos, correteando… ¡Dan ganas de comprarte uno!
PILI	¡Pero cómo puedes ser tan frívola y consumista! ¡Os vengo a dar una noticia tan fuerte y tú solo piensas en comprar ositos!
MADRE	Vale, sí; entiendo que es un drama lo de los osos. Pero ya que hoy no vamos a poder hacer nada al respecto, podríamos ir poniendo la mesa, ¿no?

YOLI   Yo necesito sentarme. ¿Dónde están las sillas?

PILI   ¡No me lo puedo creer! ¡Se cierne sobre el planeta un drama sin precedentes y vosotras solo pensáis en cenar!

MADRE   ¡No, no pensamos en cenar! ¡Pensamos en poner la mesa!

PILI   Yo no puedo. Se me ha cerrado el estómago.

MADRE   Pues ve a la cocina a por los vasos y a lo mejor se te va abriendo.

(Entra NINES. *Muy celestial y cariñosa, reparte besos a todas. Viste como una monja de civil.)*

NINES   ¡Hola, queridas hermanas! ¡Hola mamá! Hoy es una noche hermosa. Debemos estar felices y celebrar.

YOLI   Sí, pero deberías haberte vestido para la ocasión. Esa ropa no parece muy de celebrar.

NINES   Eso no tiene la menor importancia, es algo superfluo. Pero la felicidad y el amor lo llevamos en el corazón, desnudo.

YOLI   Me vas a perdonar, pero pareces una monja.

NINES   *(Llena de emoción.)* ¿En serio?

PILI   Nines, escucha, creo que tú me vas a com-
          prender. Tenemos que preocuparnos de los
          osos.

NINES   Claro Pili, también son criaturas del Señor.
          ¿Dónde está papá?

MADRE   En la salita de la tele. Y de paso id a por las
          sillas, que se las llevó todas en un ataque de
          optimismo, y las colocó frente al televisor.

YOLI   ¿Podéis ir a buscarlas? Yo soy incapaz de
          dar un paso.

AMALIA   Yo solo pienso traer la mía.

          (*Todas se dirigen hacia la salita a por las si-
          llas, cuando se oye la voz del* PADRE.)

PADRE   (*En off.*) Me gusta mucho este chico… Creo
          que habla mejor que el padre… ¡Y tan alto!

          (*Las hermanas se paran y no van a por las
          sillas, excepto* NINES, *movida por su amor
          hacia todo y hacia todos.*)

NINES   (*Mientras se dirige hacia la salita.*) ¡Hola
          papá! ¡Feliz Navidad!

          (*Desaparece.*)

MADRE   ¡Hale! ¡Todo el mundo a la cocina! ¡¡¡Aho-
          ra mismo!!!

AMALIA
/PILI   ¡Vale, vale! ¡Qué carácter!

               (AMALIA *irá, como siempre, cantando algún*
               éxito de Perales.)

YOLI   Yo ahora… si eso… ¡Se me está poniendo
               hasta mal cuerpo del dolor de pies que ten-
               go! ¡Los voy a machacar en tik tok! (*En-*
               tran el PADRE *y* NINES *cargados con dos si-*
               llas cada uno.) ¡Por fin! ¡Una silla! ¡Gra-
               cias, dios mío!

               (*Arrebata una silla a su hermana y se sienta.*)

NINES   Me parece muy hermoso que des las gra-
               cias a Dios por todos los bienes con los que
               te ha favorecido; pero en esta ocasión el
               trabajo lo hemos hecho papá y yo. Aunque
               es posible que sea Dios nuestro Señor quien
               nos inspire.

PADRE   ¡Ay! Te oigo hablar y me dan ganas de llo-
               rar. ¿Hace un rosario?

NINES   ¡Vale! ¿Te apuntas hermanita?

YOLI   Id rezando vosotros que yo ya… si eso…

PADRE   ¿Empiezas tú o empiezo yo?

               (*Cado uno saca un rosario del bolsillo.*)

NINES   ¡Uy! ¡A la vez!

         (*Entran la* MADRE, PILI *y* AMALIA.)

MADRE   ¡Ah! ¿Ya terminó?

PADRE   Sí. Ha sido emocionante. ¡Qué pena que no lo hayáis escuchado!

YOLI   ¿Estaba Letizia?

PADRE   No. Estas cosas las hace el rey solo.

YOLI   Pues seguro que tendría mucha más audiencia si estuviera Letizia.

AMALIA   Yo, aunque soy republicana…

MADRE   (*Interrumpiendo.*) ¿Desde cuándo eres republicana?

PILI   Más bien di: ¿desde cuándo eres algo? Porque nunca te he visto interesarte por nada.

AMALIA   ¡Eso no es verdad! ¡Me intereso por muchas cosas!

PILI   ¿Aparte de José Luis Perales? ¡Ya te vale!

AMALIA   ¡No te metas con Perales! ¡Ya estoy harta de que todo el mundo me diga lo mismo!

YOLI   No conozco a nadie que escuche esa música que te gusta.

AMALIA   ¿Y qué? ¡Yo tengo mi propia sensibilidad y mis gustos! ¡A mí no me gustan tus zapatos y no me meto contigo!

YOLI   Yo no me he metido contigo. Y tampoco me gustan estos zapatos.

PILI   ¿Entonces por qué te los pones?

YOLI   Es un trabajo de campo.

AMALIA   ¿De campo con esos taconazos?

YOLI   ¡Es una investigación para tik tok! ¿Entonces, no ha salido Letizia, papá?

AMALIA   ¡No! La monarquía es una institución caduca, obsoleta y machista. (*Todos la miran sorprendidos.*) ¿Qué?

YOLI   ¿A qué viene eso? Yo solo quería saber cómo iba vestida.

AMALIA   ¡Eres muy superficial!

YOLI   ¡Pues anda que tú!

MADRE   ¡Basta ya de discusión! ¡Venga, colocad las sillas y vamos a terminar con la mesa, que tengo que darle una vuelta a la cena! ¡Y vosotros (*Al* PADRE *y* NINES.) dejad el rosario para otro momento, que ahora hay cosas que hacer!

PADRE   Si ya nos falta poco, vamos por el tercer misterio.

NINES   Vamos a darnos prisa, papá, me sabe mal dejarlo a medias.

(*Rezan a toda velocidad por lo bajini.*)

PILI   Yo traigo los vasos.

AMALIA   Yo ya traje mi cubierto.

PILI   Entonces no traigo tu vaso.

AMALIA   ¡Pues vaya una mierda de solidaridad la tuya!

YOLI   Yo traería todo si pudiera, pero me es totalmente imposible: tengo un dolor de pies tan enorme que creo que me voy a desmayar.

PILI   ¡Tú eres idiota! ¡Quítate los zapatos, joé!

(*Sale.*)

YOLI   ¡No pienso!

AMALIA   Es que está haciendo una investigación importantísima para la humanidad, y se está sacrificando por todos nosotros… ¡La muy tonta!

PADRE · ¡Amalia! No llames tonta a tu hermana. Pídele perdón.

AMALIA · ¡Pero papá! ¡Si ha empezado ella! ¡Se ha metido con mis gustos!

YOLI · A mí tus gustos me la traen floja. ¡Con tal de que no me obligues a escucharlos! ¡Y pídeme perdón!

AMALIA · ¡Vas lista!

(*Sale.*)

PADRE · (*A* YOLI.) Hija, te noto muy afligida. ¿Qué es eso que está oprimiendo tu corazón? ¿Quieres contármelo?

NINES · Sí, hermanita. Ahora que estamos los tres solos, puedes contarnos tu pena. Es muy liberador abrir nuestros corazones y contar las penas.

YOLI · No, si pena, lo que se dice pena, no es. Es dolor. Insoportable.

PADRE · Compártelo con nosotros y seguramente el dolor será más llevadero.

YOLI   ¿Pero cómo lo voy a compartir si no tenemos el mismo número? Además, esto es cosa mía.

PADRE   Claro, hija, te comprendo. Pero ya sabes que no hay camino de ascuas que no recorrería un padre por sus hijos.

YOLI   Pues eso es lo que siento, como si anduviera sobre ascuas.

NINES   ¡Ay, hermanita! ¿Qué mal es ese que te atormenta?

YOLI   ¡Los zapatos!

PADRE   ¿Los zapatos? ¿Te atormenta el hecho de que usemos zapatos? ¿Quizá piensas que son una maldición?

YOLI   ¡Tú lo has dicho! ¡Son una maldición! Así lo diré en tik tok «Estos zapatos son una maldición».

(Enseñando los zapatos.)

PADRE   ¿Estos? ¡Pero hija, estos son unos coturnos!

NINES   ¿Te has puesto unos zapatos para sufrir? Claro, el cilicio es algo ya muy pasado de moda, pero si buscas algún tipo de redención, mejor ponte un hábito.

YOLI   ¿Un hábito? ¡Antes voy en pelotas!

PADRE   ¡Como lady Godiva!

NINES   Déjame que te ayude, Yoli.

              (*Le quita los zapatos con mucho esfuerzo.*)

YOLI   Yolí, con acento en la i. Si me quitas los za-
              patos destrozas mi *outfit*, pero no creo que
              tenga demasiada importancia, a pesar de
              que me he esmerado mucho en conseguir
              este *look*. Gracias Nines.

              (*Entran la* MADRE *y las hermanas con vasos,
              cubiertos, servilletas, platos…*)

MADRE   Id colocando todo que voy a traer la comi-
              da. ¿Y Tere?

AMALIA   Ni idea.

PILI   Yo no la he visto.

MADRE   Id a buscarla, que seguro que está en su ha-
              bitación llorando como una pava.

NINES   ¿Llorando? ¿Por qué? ¿Qué le ocurre?

MADRE   Nada. Tonterías, que una amiga suya, una
              insensata que va por ahí conduciendo un
              coche sin carnet, se ha quedado sin bate-
              ría y no puede venir, y tu hermana se lo ha

tomado a la tremenda y tiene un disgusto como si eso fuera el fin del mundo.

NINES   ¡Pobre alma torturada! Voy a verla y llevarle un poco de consuelo.

MADRE   Sí, anda, ve. Y de paso dile que venga a cenar.

AMALIA   ¡Qué morro! Ella viene a mesa puesta mientras las demás no paramos de currar.

PILI   Sobre todo tú, ¿no? (AMALIA *canta la canción de Perales «Tú como yo».*) ¡Qué pesada! ¡Cállate ya, anda! ¡Menuda matraca!

AMALIA   ¡Más matraca das tú con tanto osito!

PILI   ¡¡¿Podrás comparar?!! ¡Yo al menos me preocupo de salvarlos!

MADRE   ¿Es que me vais a dar la cena? ¡Basta ya de tanta tontería!

PILI   ¡Pero mamá! ¡No es ninguna tontería! ¡Os lo vengo avisando! ¡Cuando desaparezca el último oso vendrán las lamentaciones!

AMALIA   ¡Siempre nos quedará el oso Yogui!

PILI   ¿Ves como eres idiota?

          (*Terminan de poner la mesa.*)

MADRE   Bueno, ¡por fin! Iros sentando que voy a traer la sopa. (*Se sientan. Entra la* MADRE *con una sopera y un cucharón.*) A ver, ¿me vais pasando los platos?... ¿Pero dónde están Tere y Nines?

AMALIA   Andarán llorando por ahí.

MADRE   Ve a buscarlas, anda.

AMALIA   ¿Yo? ¿Por qué?

MADRE   Porque sí. (AMALIA *sale cantando la canción para la Navidad, de Perales.*) ¡Mira de verdad! ¡Qué ganas tengo de que se acaben estas fiestas!

                 (*Entran* NINES, TERE *y* AMALIA.)

AMALIA   ¡Ya estamos todas! ¿Podemos empezar a cenar? ¡Tengo un hambre!

TERE   Yo no quiero cenar. No tengo hambre.

MADRE   ¡Basta ya de tonterías! ¡Siéntate en tu sitio!

YOLI   Si, anda. Ya verás cómo te entra apetito.

                 (*Se sientan todas. Van pasando platos y la* MADRE *los va sirviendo.*)

MADRE   ¡Hale! ¡A comer!

NINES   ¡Un momento! No podemos empezar a comer si antes no damos las gracias.

AMALIA   ¡Gracias, mamá!

NINES   No, a mamá no.

AMALIA   Entonces ¿a quién?

NINES   ¿A quién va a ser? a Dios nuestro Señor que nos ha beneficiado con todos estos dones.

PADRE   ¡Hija! ¡No te imaginas la alegría que me das! ¡Anda! ¡Empieza tú!

AMALIA   ¿Vas a tardar mucho?

TERE   Por mí puede tirarse toda la noche. No pienso comer.

MADRE   Tú vas a comer como todo el mundo.

PADRE   Por favor, un poco de silencio. Adelante hija mía.

NINES   Gracias papá. (*Carraspea un poco. Mira a toda la familia. Junta las manos delante de la cara, inclina la cabeza. Sus hermanas la miran, unas se cruzan de brazos, otras se apoyan en el respaldo de la silla,* AMALIA *se coloca los cascos, la* MADRE *coge el cucharón, el* PADRE *adopta la misma postura que* NINES.) Señor, en esta noche tan especial en que nos reunimos en torno a esta mesa para celebrar que tal día como hoy, en un humilde pesebre…

AMALIA   ¿Falta mucho?

PADRE   ¡Shh!

NINES   Como te decía, en un día como hoy…

YOLI   Te puedes saltar lo del humilde pesebre.

PILI   Si, te puedes saltar toda la parte histórica.

NINES   Decía que, bueno, ya sabes Señor, que hoy celebramos tu nacimiento con alegría y alborozo y nada mejor para demostrarlo que reunirnos todos en torno a esta mesa en la que gracias a tu bondad y generosidad podemos disfrutar de…

MADRE   Se va a enfriar la sopa…

NINES   Decía que, gracias a los dones con que nos beneficias y de los que seguramente no somos merecedores…

TERE   ¿Por qué? ¿Es que acaso sólo nos merecemos las cosas malas? ¡Yo ya sufro bastante ¿sabes?! ¡O sea, que no le digas eso, no vaya a ser que se crea que sólo nos merecemos cosas malas, porque no es verdad,

a mí me parece que somos buenas personas, y nos merecemos que nos pasen cosas buenas. ¡Y ya la ha fastidiado bastante con Julia!

PADRE Por favor, no interrumpáis más. ¡Claro que
somos buenas persona! Sigue hija mía.

YOLI Sí, a ver si termina, que esto parece la Misa
del Gallo.

PADRE ¡Qué idea tan buena! ¡Podríamos ir después de cenar!

PILI Si seguimos así no creo que dé tiempo.

MADRE ¿Has terminado ya Nines?

NINES Falta poco. Ya no sé por dónde iba…

YOLI No importa. Improvisa, di gracias y ya.

NINES ¡Estoy hablando con Dios! Tengo que decir algo más.

AMALIA Claro, para una vez que le pilla, tiene que
aprovechar…

NINES Pues… eso… que te damos las gracias por
estos humildes alimentos…

AMALIA ¿Humildes? ¡Es Nochebuena! ¿No has hecho una cena especial, mamá?

MADRE   Bueno, lo de humildes lo puedes quitar, Nines. ¡Me gasté un dineral en el súper!, O sea, que humilde no es esta cena. No lo digas, no se vaya a enfadar…

NINES   Señor, como todo nos parece poco para celebrar la dicha de tu nacimiento, hoy, como algo especial y totalmente fuera de lo corriente, ya que solemos ser mucho más discretos y humildes el resto del año…

MADRE   Bueno, tampoco somos tan humildes el resto del año, que en esta casa se come muy bien todos los días, y hasta nos permitimos más de un capricho…

NINES   Señor, perdona nuestra gula. No somos merecedores de tu bondad, ya que en esta casa, hasta el día de hoy, comemos en exceso y demasía, pero te prometo que no volverá a ocurrir…

AMALIA   ¿Qué? ¡Por mí no prometas esas cosas! ¿Es que ahora nos vamos a poner a dieta?

YOLI   Pues era uno de mis propósitos para el nuevo año.

MADRE   ¿Para qué? ¡Si estás delgadísima!

PILI   Yo también tengo el propósito de cambiar mis hábitos alimenticios.

MADRE   ¡Mira! ¡No empecemos con esas tonterías!

TERE   Yo no pienso comer nunca más.

PADRE   (*A* NINES.) Hija, es maravilloso que estés manteniendo esta conversación con nuestro Señor, que seguro te escucha con muchísima atención; pero me da un poco de miedo que tenga más llamadas que atender y se corte la comunicación.

NINES   Sí, papá, ya termino. Gracias Señor por los alimentos que… que eso, que gracias, amén.

AMALIA   ¿Ya? ¿Podemos comer?

NINES   ¡¡Amén!!

AMALIA   Sí, ya lo has dicho, es como «fin», ¿no?

NINES   ¿Qué digáis amén!

TODOS   ¡Ah, si, claro, amén, amén!

MADRE   Pásame tu plato, Tere.

TERE   Que no, mamá, que a mí no me sirvas, que no voy a comer.

PADRE   ¿Qué te pasa Tere? ¿Te encuentras mal?

TERE   No, estoy bien. Pero no tengo apetito.

PADRE   Haz un esfuerzo, anda. Que tu madre nos ha hecho una cena muy rica. No se la desprecies.

TERE   ¡Pero es que no puedo! ¡Que tengo una pelota en el estómago y no me entra nada!

MADRE   ¿Por lo de tu amiga? ¡Menuda tontería! Y te diré que no me gusta nada esa chica.

TERE   ¡No la conoces! ¡No sé por qué no te gusta si no la conoces!

MADRE   Pues no me gusta porque me parece una insensata. ¡No se puede ir por ahí conduciendo sin carnet! Espero que no te hayas montado en su coche.

TERE   ¡Pero si Julia no tiene coche! ¡No paras de hablar de un coche y no sé por qué!

MADRE   ¿No decías que no podía venir porque se ha quedado sin batería?

TERE   ¡Sin batería en el móvil!

MADRE   ¿Y qué falta le hace el móvil para venir a casa? ¡Mira de verdad! ¡Es que no sabéis hacer nada sin el móvil, eh!

TERE   Es que en el móvil tiene la ubicación y justo cuando la llamé para ver si la había recibido, ¡zas! Se apagó el teléfono y ya no he podido hablar con ella, porque me sale siempre la voz de apagado o fuera de cobertura… ¡Y no sé ni dónde está!

YOLI   ¡Qué horror! La pobre en medio de la ciudad sin batería. ¡Solo de pensarlo me dan escalofríos!

PADRE   ¿Pero tú no le indicaste cómo venir?

TERE   ¿Para qué? No hace falta. Le mandé la ubicación.

MADRE   Pues hubiera sido mucho más práctico explicarle cómo venir.

TERE   Entonces, ¿para qué están los móviles?

MADRE   ¿Para dejarte tirada en plena noche?

TERE   ¡Ay, mamá! ¡No digas eso que me muero de la pena!

PADRE   No pierdas la esperanza. A lo mejor te llama.

TERE   ¿Cómo?

PADRE   Quizá encuentre una cabina.

AMALIA   ¿Una cabina? Nunca he visto ninguna.

TERE   ¿Y a dónde me va a llamar?

MADRE   ¡A tu teléfono! ¡O al de casa!

TERE   ¡Si no se los sabe! ¡Los tiene en sus con-
               tactos en el móvil!

MADRE   ¡Qué práctico eso de tenerlo todo en un
               aparatito… mientras no falle el aparatito!
               A veces es bueno también practicar la me-
               moria. (AMALIA *canta «No resulta fácil…»*
               con la boca llena.) Amalia, no cantes con
               la boca llena.

AMALIA   Es que se me ha venido a la cabeza sin que-
               rer. ¡Qué buena está la sopa mamá!

PILI   ¿De qué es?

MADRE   De pescado y marisco.

PADRE   ¡Una exquisitez!

YOLI   Y engorda poco, ¿no?

PILI   ¡Dios!

NINES   ¡No utilices el nombre de dios en vano!

YOLI   ¿Qué pasa? ¿Tiene muchas calorías?

PILI   ¡Tiene seres vivos!

MADRE   No, hija, ya están muertos.

PILI	¡Claro que están muertos! ¡Los han matado!
MADRE	¡Yo no he sido! ¡Ya estaban muertos cuando los compré!
PILI	¿Es que acaso no tenemos suficiente comida? ¿Acaso la tierra no es generosa en frutos?
YOLI	Yo me paso la vida comiendo lechuga, no pasa nada porque un día coma un poco de pescado, ¿no? No creo que engorde mucho…, ¿no?
AMALIA	Yo no pienso comer lechuga en Nochebuena.
PILI	¿Acaso los pobres animales saben si es Nochebuena?
NINES	Nuestro Señor los ama igualmente, aunque no celebren su nacimiento. Todos son criaturas de Dios.
PILI	Pues me niego a comer ningún animal, por muy muerto que esté.
PADRE	Hija, en esta casa hemos comido siempre carne y pescado y no ha habido queja hasta la fecha. ¿Por qué te niegas a comer lo que tu madre ha preparado con tanto cariño y dedicación?

PILI   Porque soy vegana.

MADRE   ¿Eres qué?

YOLI   ¿Es una nueva tendencia?

PILI   Es una actitud, es una ideología, es una forma de vivir.

MADRE   ¿Te has metido en política?

AMALIA   ¿Es otro partido nuevo?

PILI   ¡No me puedo creer que no sepáis lo que es el veganismo!

MADRE   ¡Es que salen tantos partidos nuevos que una ya se lía!

YOLI   Pues explícanos qué es eso, porque si es algo innovador a lo mejor yo me apunto.

PILI   Que no como nada de procedencia animal.

MADRE   ¡Pero si hoy te fuiste a una hamburguesería con tus amigas!

AMALIA   ¡No me puedo creer que vayas a una hamburguesería a comerte la lechuga de la hamburguesa! ¡Qué desperdicio!

PILI   Era mi despedida.

PADRE   ¿De qué te despedías?

YOLI   De la comida basura; eso me parece bien. Todos debemos marcarnos alguna fecha para las decisiones importantes.

NINES   Y tener la voluntad necesaria para llevarlo a cabo, con la ayuda de Dios.

MADRE   ¡Mira! ¿Me vas a decir que la cena que he preparado es comida basura?

PILI   ¡Que no! ¡Que no me he despedido de la comida basura!

YOLI   O sea, que la piensas seguir comiendo.

PILI   ¡No! ¡Me he despedido de la carne y del pescado!

MADRE   ¿Y te despides comiendo una hamburguesa?

PILI   Quería hacerlo a lo grande.

MADRE   ¿Y tenía que ser precisamente hoy?

PILI   Sí, hoy.

MADRE   ¡Vaya por dios! Bueno, pues no te comas la sopa si no quieres, hija. ¡Menos mal que de segundo he preparado un corderito al estilo segoviano que está para chuparse los dedos!

AMALIA   El corderito sí que me da un poco de penita, ¡son tan monos y tiernitos!

MADRE   Sí, la verdad es que me ha quedado muy tierno, se puede partir sin cuchillo.

PILI   ¡Dios! ¡Qué crueldad! Me voy a la cocina a buscar algo de comer.

PADRE   ¡Pero si tienes comida en la mesa!

PILI   Voy a buscar comida que no sufra.

     (*Sale.*)

TERE   Yo también me voy de la mesa.

PADRE   (*Autoritario.*) ¡No! ¡Tú te quedas en tu sitio y te comes la sopa!

MADRE   ¡No te reconozco, Pepe!

TERE   ¡Es que no voy a comer! ¡No tengo hambre! ¡Necesito estar sola!

NINES   ¡Pobrecita! Deja que se vaya papá. Quizá en soledad encuentre la paz que precisa su alma.

YOLI   A mí me parece un poco exagerado todo esto ¿no? Vamos, que porque no venga una amiga montes tanto drama, no lo veo, ¿eh?

TERE   ¡Me importa una mierda tu opinión!

MADRE   ¡Tere! ¡Ese vocabulario! ¿Es que me vais a dar la cena?

YOLI   ¡Es ella la que nos va a dar la cena! ¡Es más tonta!

TERE   ¡Cállate! ¿Qué sabes tú? ¡Tú ni sientes ni padeces! ¡Solo te preocupas por la ropa y los zapatos! ¡Eres incapaz de amar!

NINES   ¡Amar! ¡Qué hermosa palabra! ¡Dios es amor y ya dijo aquello de «amaos los unos a los otros»! Y precisamente en esta noche tan especial debemos celebrar el amor.

AMALIA   (*Canta.*) «Amooor, amooorr, amooor..»

MADRE   Esa me parece que no es de Perales.

AMALIA   Mi repertorio es muy amplio.

TERE   ¡Basta de tonterías! ¡Me voy!

MADRE   ¡Hija! ¡Es Nochebuena! ¿Acaso no podemos hacer bromas y reírnos un poco?

TERE   ¡No! ¡Es la Nochebuena más triste de mi vida!

YOLI   ¡No será para tanto!

TERE   ¡No lo será para ti!

YOLI   ¡Ni que te hubiera dejado el novio!

AMALIA   ¿Sííí? ¿Tienes novio? O sea que lo tuyo es que estás enamorada. No me digas más.

                (AMALIA *canta «El amor» de Perales. Entra* PILI *comiendo una zanahoria.*)

PILI   Esta noche estás desatada, Amalia.

AMALIA   ¿Qué haces con esa zanahoria?

PILI   Comérmela. ¿Qué voy a hacer si no?

AMALIA   Eso no es comida.

PILI   No lo será para ti. Yo ya solo voy a comer verduras.

AMALIA   ¡Pues vaya una mierda! ¿Estás segura de que no sufre con esos mordiscos?

PILI   ¡Pues claro que no! ¡Qué tonterías dices! Las verduras están para comérselas.

AMALIA   Lo que está para comérsela es la sopa que ha hecho mamá. Y el corderito ni te cuento.

YOLI   Pues Tere no opina lo mismo. No quiere comer.

AMALIA   Es que se ha enamorado.

YOLI   ¿Ah sí? ¡Qué calladito lo tenías! ¡Así que tienes novio!

(AMALIA *canta «Y quién es él».*)

TERE   ¡No es él!… ¡Es ella!

(*Todos se quedan perplejos mirando a* TERE. *Se hace un silencio.*)

MADRE   Perdona, ¿qué quieres decir con «ella»? ¿Quién es «ella»?

TERE   Julia.

MADRE   ¿Julia la del coch… Quiero decir, tu amiga la del móvil?

TERE   Sí.

MADRE   (*Tratando de disimular y hacer como que no ha entendido.*) ¡Ah! Bueno, sí. Es normal que las amigas se quieran, ¿no? Por eso son amigas, porque se quieren y se ayudan.

NINES   Claro, el amor es un noble sentimiento. Y en una noche como esta, el amor está presente en cada casa, en cada rincón de este mundo, porque Dios nació esta noche y la humanidad entera lo celebra. Creo que Tere está saturada de amor y un poco confusa.

TERE

Es posible que esté confusa. No lo sé. Nunca he sentido algo así.

MADRE

Claro, claro. Son cosas de la edad. No tienen mayor importancia. ¡Anda, come!

TERE

(*Rompe a llorar.*) ¡No puedo, mamá! ¡No ves que no puedo!

PADRE

Manoli, creo que Tere nos quiere decir algo.

MADRE

¡Pero si ya lo ha dicho, que quiere mucho a su amiga y está triste porque no puede cenar con nosotros!

PADRE

Yo creo que hay algo más. ¿Verdad, Tere?

TERE

Yo… bueno… quería… queríamos… Julia… quería presentaros a Julia.

MADRE

¡Bueno, pues ya nos la presentas otro día!

TERE

Es que… habíamos elegido esta noche. Para mí era algo especial.

NINES

Sí, para ti y para todos. Es la noche en que Jesús vino al mundo.

TERE

Bueno… no era por eso, era porque estamos todos y yo quería que conocierais a Julia…

MADRE	¡Hija, qué perra has cogido! ¡Ya la conoceremos otro día!
TERE	¡Es que tenía que ser hoy! ¡Habíamos escogido este día! ¡En Nochebuena con mi familia y en Nochevieja con la suya!
PILI	¡Qué formalidad! ¡Ni que fuerais pareja!
TERE	¡Pues eso!
MADRE	¿Eso, qué?
TERE	¡Eso, que somos pareja!
MADRE	¡Pero qué disparates estás diciendo!
AMALIA	¿Eres bollo?
YOLI	¡Bollo! ¡Con lo que engordan!
PADRE	¿Nos estás diciendo que Julia iba a venir para pedir tu mano?
PILI	¿Pedir su mano? ¡Ay, papá! ¡Eso ya no lo hace nadie!
AMALIA	No entiendo para qué quiere Julia una mano de Tere.
YOLI	Es una forma de hablar, tonta, no es su mano. Es una cosa que hacían los antiguos.

MADRE   ¡Pero Pepe! ¿Cómo puedes decir semejante estupidez?

YOLI   Si, papá. Eso está pasadísimo de moda.

PADRE   Pues yo siempre soñé con que un día vendrían cinco caballeretes con un ramo de flores a pedir la mano de mis hijas…

PILI   ¡Pues lo llevas claro! Yo nunca me echaría un novio tan cursi.

AMALIA   Será por eso que Tere se ha echado novia, en vez de novio.

MADRE   ¡Amalia! ¡Tere no se ha echado novia! ¡No lo vuelvas a decir!

AMALIA   ¡Si lo ha dicho ella!

MADRE   ¡Imposible! ¡Tere no ha podido decir algo así! ¡Yo no lo he oído y no lo quiero oir!

PADRE   Pues yo sí lo he oído.

MADRE   ¡Tú no has oído nada! No quiero ni oír hablar de esto. ¡Mi hija es normal! ¡Todas mis hijas son normales! ¡Y no se hable más del tema! ¡A ver si tenemos la cena en paz!

PADRE   ¿Hay algo de anormal en Tere? ¿Acaso tiene tres brazos o dos cabezas? Yo la veo perfectamente normal, Manoli.

MADRE   ¿Ah, sí? ¿A ti te parece normal que ahora venga con que le gustan las mujeres?

PADRE   Yo diría que no es lo habitual. Pero no por eso mi hija me parece anormal. Y sea como sea, tendremos que aceptarlo, ¿no?

MADRE   ¿Así, como si nada?

TERE   Mamá. Me ha costado mucho poder deciros esto. No es fácil para mí tampoco. Pero al menos espero que mi familia me entienda y me apoye.

PILI   ¡A mí no me importa nada que seas tortillera!

YOLI   Pero ¿por qué siempre la llamáis con nombres de comida?

AMALIA   Es que se dice así.

YOLI   No se dice así, se dice gay.

MADRE   ¡Me da igual cómo se diga! ¡¡Pero cómo va a ser bollo si lleva el pelo largo y no va vestida como un leñador del Canadá?! ¡Dios mío! ¡Lo que tiene que soportar una madre! Y esa Julia, ¡que mira que me cae mal!, ¿qué pinta tiene? ¡Seguro que es un camionero!

TERE	Pues no es ningún camionero. Te has empeñado en que Julia conduce y no conduce. No tiene carnet.
MADRE	Es igual, seguro que cuando se lo saque se saca el de conducir camiones, como si lo viera. Seguro que quiere un camión.
TERE	¿Pero para qué va a querer un camión?
AMALIA	¡Para ser feliz!
YOLI	¡No entiendo cuál es el problema, mamá! ¡Si los matrimonios gays ya son legales!
MADRE	¡Pero ¿quién está hablando de boda!?
NINES	¿Entonces prefieres que vivan en pecado?
YOLI	¡Tengo grandes ideas en trajes de novia! ¿Me dejas que te lo diseñe, por fa, por fa?
TERE	¡Me estáis agobiando!
	(*Hace intención de marcharse. Las hermanas la detienen.*)
AMALIA	¡Espera, no te vayas! Esto es muy emocionante. ¿Se lo puedo contar a mis amigas del cole?

MADRE ¡Ni se te ocurra contárselo a nadie, Amalia! ¡Y no le digáis nada a la abuela! ¡Menudo escándalo!

(AMALIA *canta «Escándalo» de Raphael.*)

PILI ¡Cállate Amalia! ¿Estamos a Perales o no estamos a Perales?

AMALIA Es que mamá me lo ha puesto a huevo.

TERE Entonces, ¿qué quieres que haga, mamá? ¡No me lo pones nada fácil!

MADRE No sé, hija. No sé. Nunca me hubiera esperado algo así. No en mi familia.

PADRE Es la voluntad de Dios, Manoli. Habrá que aceptarla.

MADRE Pero, ¿desde cuándo se mete Dios en estas cosas?

NINES Dios es amor, ya sabes.

MADRE ¡Qué disgusto, dios mío! ¡Qué disgusto!

PADRE Me parece que no es para tanto, Manoli. Será mejor que nos tranquilicemos y conozcamos a esa tal Julio.

TERE Julia.

NINES   Sí, mamá. A lo mejor te encanta. Es normal que al principio uno se desconcierte ante los designios del Señor, que, como ya sabemos, son inescrutables.

MADRE   Dudo mucho que me encante. Y no entiendo a qué vienen estos designios. No hay ninguna necesidad.

TERE   Mamá. Yo no quiero que te disgustes. Yo solo quería que lo supierais.

MADRE   ¡Ay, Tere! Hija, si yo te quiero mucho, pero, entiéndelo… una nunca se espera que su hija… es que me da miedo que seas desgraciada

TERE   Yo soy muy feliz mamá.

(TERE *abraza a su* MADRE.)

NINES   Qué momento más hermoso para agradecer a Dios que nos haya dado la capacidad de amar. Jesús ya lo dijo, amaos los…

MADRE   Ya, Nines, ya…

NINES   Si os parece bien, me gustaría poner el broche de oro a este instante de amor con una canción.

AMALIA   ¡Vale! ¿Cuál queréis?

NINES   No Amalia, esta vez voy a cantar yo.

         (*Todos la miran sorprendidos.*)

YOLI   ¿Tú cantas? ¡Nunca te hemos oído!

NINES   Bueno, modestamente… estoy aprendiendo a tocar la guitarra y quisiera compartirlo con mi familia.

MADRE   ¡Esta noche está llena de sorpresas! ¡No sabía que tocaras la guitarra!

NINES   Lo intento. Estoy aprendiendo. ¿Queréis?

PADRE   ¡Claro Nines! ¡Estamos deseando!

NINES   Voy a por ella.

         (*Sale.*)

MADRE   ¡Verás! Seguro que ahora nos cuenta que quiere ser artista. ¡Lo que nos faltaba! ¡No voy a ganar para disgustos! ¡Ay, Señor!

         (*Entra* NINES *con una guitarra. Se sienta. Se coloca la guitarra, carraspea.*)

NINES   Bueno, todavía no me sale muy bien. No os riáis, ¿eh?

PADRE   No, hija, seguro que nos encanta.

PILI   ¿Y qué vas a cantar?

NINES   Yo había pensado que lo más apropiado para esta noche era un villancico.

YOLI   Entre Perales y los villancicos estamos que nos salimos de vanguardistas, ¿eh?

NINES   Bueno… empiezo.(*Comienza a rasgar las cuerdas de la guitarra, bastante mal, por cierto, y empieza a cantar.*) «Dime niñooo, de quién ereees y si te llaaamas Jesuuuuús…»

YOLI   ¡No me lo puedo creer! ¡O sea, ¿tú que eres la experta de estas cosas y no sabes cómo se llama? ¿Y preguntas de quién es? ¡Pero si eso lo sabe todo el mundo!

NINES   ¡Que no! ¡Que es así el villancico! ¡Que yo ya lo sé!

YOLI   ¿Y de dónde has sacado un villancico tan tonto?

NINES   ¡Es un villancico popular!

YOLI   ¿Y no te sabes alguno un poco más moderno? No sé, uno que no se hagan preguntas tan obvias…

NINES   Es que… me había preparado este….

PADRE   No hagas caso, Nines. Canta lo que te apetezca.

AMALIA   O sea ¡ella puede cantar villancicos horrorosos y yo no puedo cantar los grandes éxitos de Perales que, me vas a perdonar, pero son infinitamente más emocionantes que andar preguntando a estas alturas quiénes son los padres del Niño Jesús!

PILI   ¡Pero si tú te pasas la vida cantando!

MADRE   ¿Y llevas mucho tiempo tocando la guitarra?

NINES   No, apenas unos meses. Pero practico a diario.

MADRE   ¡Ah! ¡Ya veo, ya! Quizá sea muy difícil esto de tocar la guitarra, ¿no?

NINES   ¡No, qué va! ¡Lo pillé enseguida! Sor Jacinta sabe un montón y tiene mucha paciencia.

YOLI   ¿Quién has dicho?

NINES   Sor Jacinta. Toca la guitarra muy bien. A veces me da mucha envidia.

(AMALIA *canta «Celos de mi guitarra», de Perales, claro.*)

MADRE   Amalia, cariño, cállate un poquito... a ver,
               Nines, ¿has dicho sor Jacinta?

NINES   Sí, es maravillosa.

MADRE   ¡Pero tiene un nombre así como de monja,
               ¿no?!

NINES   Claro, es que es monja.

MADRE   ¿Y qué haces tú con una monja?

NINES   Aprendo a tocar la guitarra.

MADRE   ¿Con una monja? ¿No hay otros profeso-
               res que no sean monjas?

PADRE   A mí me parece muy bien que haya esco-
               gido a una religiosa para que le enseñe.

MADRE   Sí, claro, tú encantado. A mí eso me preo-
               cupa. ¡A ver si nos la va a abducir!

PADRE   ¡Qué cosas dices Manoli! ¡Ni que fuera una
               extraterrestre! Seguro que le muestra el ca-
               mino.

MADRE   ¡Eso es lo que me preocupa! ¡Que le mues-
               tre el camino equivocado!

NINES   No, mamá. No es el camino equivocado.
               Es el que me lleva a la felicidad y al amor.

AMALIA   ¡Anda! ¡Nines también se ha enamorado!
          ¡A lo mejor tienes suerte papá y el novio
          de Nines es de los que vienen a pedirte la
          mano!

PILI   No sé por qué me da la impresión de que
          si el novio de Nines se presenta en casa nos
          da un infarto.

NINES   No es mi novio. Simplemente es el ser al
          que quiero entregar mi vida.

YOLI   ¿Sin casarte ni nada? A ti eso no te pega.

NINES   Me caso con Dios.

YOLI   ¡Venga, hombre! ¡Vale que te guste mucho
          y estés loca por él! ¡Pero tanto como pen-
          sar que es un dios! ¡Mal asunto, eh! ¡Cui-
          dado con embobarte y perder el norte!

NINES   Él es mi norte.

MADRE   ¿Ves? ¡Si es lo que yo digo! ¡La han abdu-
          cido!

PADRE   Nines, hija, ¿estás segura?

NINES   Sí, papá.

AMALIA   ¿Se puede saber de lo que habláis? ¡Me he
          perdido!

PILI   Creo que Nines se va a meter a monja.

MADRE   ¡No! ¡Ni hablar! ¡Antes prefiero que se haga
                artista!

NINES   No es esa mi vocación, mamá.

MADRE   ¿Entonces para qué aprendes guitarra? Uno
                no se pone a estudiar música si no es para
                convertirse en artista, en cantautor o algo,
                ¿no?

AMALIA   ¡Como Perales!

NINES   No, yo… he sentido la llamada… quiero
                dedicar mi vida a nuestro Señor.

MADRE   ¡Qué llamada ni qué tontería! Si lo que
                quieres es rezar el rosario, ya sabes que nun-
                ca te lo hemos impedido. ¡Pero meterse a
                monja…! ¡Pepe, di algo!

PADRE   ¡Hija mía! ¡Estoy tan emocionado! ¡Siem-
                pre deseé tener un hijo con la ilusión de
                verlo algún día vestido de blanco…!

YOLI   ¡Si a ti nunca te ha interesado el fútbol!
                ¡Ahora resulta que eres del Real Madrid!

PADRE   No, no, de futbolista no, de Papa.

MADRE   ¡Las tonterías que tengo que escuchar!

YOLI   ¿Y vas a llevar hábito?

NINES   Sí, un hábito negro.

AMALIA   ¡La segunda equipación!

YOLI   Bueno, me gusta el negro. Es un color que nunca pasa de moda. Aunque digan que el naranja es el nuevo negro, no es verdad. El negro es el negro. Tiene carácter y es elegante. ¿Te puedo diseñar el hábito? ¡Tengo grandes ideas!

MADRE   ¡Ay, mi hija vestida de monja! ¡Con lo mona que es! ¿Y no puedes ir de paisano?

NINES   No. En el convento que quiero ingresar todas van con hábito.

PILI   ¿Te vas a meter en un convento? ¡Qué aburrimiento! Si al menos te hicieras misionera conocerías mundo…

NINES   De clausura.

MADRE   ¡Me vais a matar a disgustos! ¡Dios mío! ¡Mi hijita monja de clausura! ¡Pero si eso debe ser un coñazo! ¡Y además muy antiguo! ¡Ya nadie se mete a monja de clausura! ¿No preferirías ser funcionaria, casarte y tener hijos? ¿De dónde has sacado esa idea? (*Mira al* PADRE *que está embobado.*) ¡No me lo digas! ¡Pepe! ¡Tú tienes la culpa con tanto rosario y tanta vida de santos! ¡Y ni una palabra a la abuela! ¡Que le va a dar un soponcio!

PADRE   El Señor ha escuchado mis rezos, y en esta noche tan señalada ha hecho realidad mi sueño… ¡Mi hija monja! ¡Gracias, Dios mío, por permitir que escuche la llamada!

AMALIA   ¡Yo también la he oído!

MADRE   ¡No! ¡Dime que no es verdad! ¡Es imposible! ¡Si siempre estás con los cascos puestos!

AMALIA   Pues he oído una llamada.

PILI   Pero… ¿también quieres ser monja? ¡Esto es una epidemia!

NINES   ¿Me has visto cara de monja?

YOLI   Nines tampoco tenía cara de monja y ¡ya ves!… bueno, sí… un poco, sí.

PADRE   ¿Habremos sido bendecidos? Hija, ¿qué tipo de llamada has oído?

AMALIA   A la puerta.

PADRE   ¿La puerta del cielo?

AMALIA   La de casa. ¿Estáis sordos?

TERE   (*Llena de entusiasmo.*) ¿Han llamado a la puerta?

(*Se levanta.*)

AMALIA   (*Adelantando a su hermana.*) ¡Voy yo! (*Todos se quedan expectantes. Entra* AMALIA.) Es una chica.

TERE   (*Ilusionada.*) ¿Una chica?

AMALIA   Sí, pero no es camionero, ni bollo, ni tortillera. Tiene pinta de chica.

TERE   ¡Tú eres idiota!

MADRE   Bueno, ¿y quién es?, ¿qué quiere?

VECINA   (*En off.*) ¡Perejil!

AMALIA   Perejil.

MADRE   ¿Perejil?

VECINA   (*En off.*) Si… bueno, o sal… no sé. Lo habitual en estos casos.

MADRE   Pero ¿quiere sal o quiere perejil?

VECINA   (*En off.*) Yo creo que mejor sal. No creo que al asado se le eche perejil. Si acaso al chimichurri.

MADRE   ¿Has asado un cordero o un cochinillo?

VECINA   (*En off.*) Y... bueno... en realidad se trataría de un asado con su bife de chorizo, su entraña, su asado de tira... ¡Un asado! ¿Viste?

MADRE   Pero ¿es cochinillo o es cordero?

VECINA   (*En off.*) Vaca. Aunque el choricito criollo es más bien cerdo, ¿viste?

PILI   ¡Joder! ¡Os habéis cargado una granja entera!

PADRE   ¡No digas palabrotas, Pili! ¡Disculpe a mi hija, se le ha escapado!

VECINA   (*En off.*) No se preocupe. Me hago cargo.

PILI   Es que estoy en contra de comer seres vivos.

VECINA   (*En off.*) No, en mi país los comemos ya cocinados. Vivos no es costumbre.

PILI   Ya, ya. Me refiero a que antes de matarlos estaban vivos.

VECINA   (*En off.*) Sí, generalmente.

AMALIA   ¿Pensáis seguir hablando así mucho rato? ¡Me estoy mareando!

MADRE   Sí. Claro. Amalia, dile que pase.

(*La* VECINA *entra antes de que* AMALIA *se lo diga.*)

VECINA   Muchas gracias. Es usted muy amable.

MADRE   ¿Estás preparando la cena a estas horas? Vas a cenar muy tarde, ¿no?

VECINA   Y…, en realidad… no estoy preparando nada. A decir verdad no tengo nada para cenar.

MADRE   ¿Nada? Entonces, ¿para qué querías el perejil?

VECINA   Y… ¡bueno! Era solo una excusa para venir. ¡Ah! ¡Perdón! ¡Qué maleducada! Mi nombre es Adriana Gabriela Daniela Koplinski. (*Da la mano a cada uno repitiendo el nombre completo cada vez.*) Soy nueva en este barrio, me mudé hace apenas dos días. Vivo justo en el apartamento de arriba de ustedes. Estaba sola en casa y no paraba de escucharles. Me pareció que tenían una reunión tan divertida que me dije a mí misma: ¡dejá de lamentarte, boluda y andá y únite a la fiesta! Y aquí estoy, pidiendo un poco de sal porque ya aprendí que ustedes los gallegos son muy dados a andar pidiendo las cosas más insospechadas a los vecinos.

Y es que yo no debería estar aquí esta noche, debería estar en mi casa, con mi familia… pero perdí el avión. ¡No es que sea una tragedia! ¡Pero fue una boludez! Y sé que en el fondo ha sido cosa de mi propio subconsciente, ¿viste?, porque no alcanzo a superar mi miedo a volar. Me refiero a volar en avión. Y yo odio el avión. ¡Tantas horas! ¡Qué angustia! Bueno, no es que odie el avión, no tengo nada contra él, no me ha hecho nada… afortunadamente, porque los aviones, cuando te hacen algo… vamos que… te lo hacen una vez…¡Uff! No quiero ni pensarlo. Pánico es lo que siento. ¡¿Qué carajo hacemos un montón de personas a nueve mil metros de altura?! ¿Es que nos hemos vuelto locos? ¿No se dan cuenta de que debajo no hay nada?… Así que me perdí el asado de bife y entraña y el choricito criollo y el chimichurri.

AMALIA   ¿Una barbacoa para Nochebuena?

VECINA   ¿Cómo una barbacoa? ¡Un asado!

TERE   ¿Eres uruguaya?

VECINA   ¿Cómo? ¿Vos conocés Uruguay? ¿Sabés que es un país chiquito, chiquito? ¿Y que Argentina es un país inmenso? Lo lógico es que le preguntés a un uruguayo si es argentino. Lo contrario no se entiende.

TERE	Ya, es que como no sé de dónde eres…
VECINA	¡Argentina! ¡Y claro!
PILI	¡Ah! ¡Genial!
VECINA	Sí, sin duda.
PILI	Eres justo lo que necesito. Tengo que informarme de cosas sobre Argentina.
AMALIA	Yo también. ¿Conoces a Carlos Gardel?
VECINA	Pero vos, ¿cuántos años pensás que tengo? ¡Hace siglos que murió Carlitos!
AMALIA	No, qué va, murió el 24 de junio de 1935 en Medellín, Colombia, en un accidente de avión.
VECINA	¡Ah! ¡En avión! ¿Viste? Y vos, ¿cómo sabés eso?
AMALIA	Lo vi en Google. ¡Me encanta el tango! ¡Soy super fan de Gardel!
VECINA	¿Y no sos muy joven para tener gustos tan antiguos?
AMALIA	Bueno, también soy fan de Perales, no te creas. Pero el tango me gusta mucho. Me sé un montón.

(*Canta «Caminito». El* Padre *y la* Madre *se unen al canto. Cantan extasiados mirándose a los ojos con arrobo.* Amalia *se acerca a ellos y se unen en un trío. Van pasando de un tango a otro con entusiasmo.*)

YOLI   ¡Basta! ¿Podemos terminar ya con la sesión *vintage*?

MADRE   ¡Ay, hija! ¡No nos dejáis disfrutar!

PADRE   ¡Con lo hermoso que es una familia cantando unida!

VECINA   Creo que en mi familia jamás hemos cantado tangos.

AMALIA   ¿Pero sois argentinos, no?

VECINA   ¿Ustedes se pasan el día cantando sevillanas?

PILI   No se lo digas a Amalia que se hace fan de Los del Río.

YOLI   Alejandra Daniela Gabriela Koplinski va a pensar que somos muy antiguos. Y no es verdad. Somos innovadores, vanguardistas, modernos… yo por lo menos.

PILI   Y comprometidos. Yo voy a salvar a las ballenas.

VECINA   ¿Vos sola?

PILI   Por eso te quería preguntar si conoces Tierra de Fuego y cómo se va.

TERE   ¿Tierra de Fuego? ¡Uff, debe hacer un calor horrible!

VECINA No, está al sur, cerca del Polo. Hace frío.

TERE   ¿Frío? ¿Y por qué la llamáis Tierra de Fuego?

VECINA Y… bueno… somos argentinos… la llamamos como nos da la gana.

NINES   ¿Allí están las ballenas?

VECINA No, en el agua.

MADRE   ¿Pero no eran los osos los que estaban en peligro?

PILI   Y las ballenas. Y como tendré que ir desde Tierra de Fuego hasta el Polo Sur en barco, pues ya aprovecho y salvo también a las ballenas.

PADRE   No vas a dar abasto, hija.

YOLI   ¿Y qué vestuario te piensas llevar? Supongo que tendrás que abrigarte un montón. Tengo grandes ideas para abrigos *oversize*. Se llevan un horror esta temporada. Y también te puedo diseñar algún sombrerito super *fashion*. ¡Y los guantes! ¡No nos olvidemos de los guantes! ¿Los quieres largos o cortos con algún detalle de piel?

PILI   ¡Pero que voy a salvar ballenas y osos polares, no a un desfile de moda!

YOLI   ¿Y qué? ¿Dónde está escrito que para salvar ballenas hay que ir hecha un adefesio?

NINES   Yo rezaré por ti. Es una tarea muy hermosa esta que vas a llevar a cabo: salvar la vida de tanta criatura de Dios. ¡Qué hermosura!

MADRE   Pero, ¡vamos a ver! ¡Pili no se va a ir al Polo Sur! ¿No te das cuenta de que allí debe hacer un frío horrible? ¡Y en pleno curso!

PILI   Si nos ponemos estupendos no vamos a ningún lado, ¡eh! A las ballenas no les importa nada si estamos a mediados de curso o no. Necesitan mi ayuda y es mi deber ir a salvarlas.

YOLI   Además no va a pasar frío, mamá. El abrigo que tengo pensado es muy calentito y amoroso.

AMALIA   ¡Cómo voy a presumir en el cole! ¡Mi hermana salvando ballenas en el Polo Sur! ¿Esto sí puedo contarlo, mamá?

MADRE

¡No, Amalia! No puedes contarlo porque Pili no se va; al menos hasta que termine el curso.

PILI

Quizá para entonces sea demasiado tarde…

VECINA

(*A la* MADRE.) Perdonáme una pregunta: ¿son todas hijas suyas?

MADRE

Si, ¿por?

PADRE

Y mías.

VECINA

… y… ¡por nada!… Una familia muy interesante. No tienen tiempo de aburrirse, eh! ¡Y todas chicas! Me alegro mucho por usted. Algún día tendrá cinco preciosos yernos que vendrán con un ramo de flores a pedir la mano de sus hijas. ¡Créame! ¡Mucho mejor los yernos que las nueras! ¡Las nueras son un tormento! ¡De buena se libró!

AMALIA

¡Pues ya tenemos una nuera!

MADRE

¡Amalia! ¡No digas tonterías! ¡No tenemos nada!

VECINA

¿Algún hijo varón? ¿Se fue a cenar a casa de la chica?

AMALIA

No, es que Tere es bollo.

MADRE   ¡No le hagas caso! ¡Tiene una imaginación desbordada!

VECINA   Quizá su hipotálamo esté en situación de hiperactividad y le esté mandando señales que la inclinan a rechazar que el género masculino llegue a formar parte de su círculo más íntimo y se oponga al ingreso del opuesto en su espacio vital. No tiene nada de especial. Se dan casos, por eso desea que haya nueras en lugar de yernos. En su caso concreto, cuñadas en vez de cuñados. Créame, es posible que se le pase. Aunque no lo entiendo. Yo, si me dan a elegir, cuñados, siempre.

MADRE   ¿Sí? ¿Se le pasará? ¡Me das una alegría! Y ¿qué hace una argentina como tú en un país como este?

VECINA   Estudio.

YOLI   ¿Español?

VECINA   ¿En qué idioma te parece que hablo?

YOLI   ¡No, si! ¡Claro! Creí que habías venido a perfeccionarlo, o algo.

VECINA   Ya es perfecto. Vine a estudiar psicología.

MADRE   ¡Qué maravilla! ¡Se nota que entiendes un montón! ¡Me vienes de perlas!

PILI   ¿No hay universidades en Argentina?

VECINA   ¡Y claro! Pero no tiene sentido estudiar psi-
            cología en Argentina. Allí no hay futuro
            para desarrollar la profesión. Todo argen-
            tino lleva un psicólogo dentro. Sin embar-
            go aquí… ¡Menudo quilombo! Creo que
            no me va a faltar trabajo… ¿Viste?

MADRE   ¡Qué interesante! ¿Y cuál es tu especiali-
            dad?

VECINA   En principio… cualquier desarreglo de la
            personalidad… problemas para socializar…
            esas cosas, ¿viste?

MADRE   ¿Por qué no te sientas y cenas con nosotros?

VECINA   ¡Oh, gracias, señora! ¡Me muero de hambre!

MADRE   Amalia, ve a por una silla.

AMALIA   ¿Yo? ¡Jo, siempre me toca a mí!

VECINA   Si me dicen dónde están, ya voy yo… no
            quiero molestar.

AMALIA   ¡Allí, en el cuarto de la tele!

PADRE   Deberías ir tú, Amalia. Es muy feo que ten-
            ga que ir nuestra invitada.

VECINA   No, por mí no se preocupe. No tengo ningún problema en ir a buscarla yo misma. Me hace sentir como de la familia.

(*Sale a buscar la silla.*)

MADRE   ¡Me encanta esta chica! ¡Tere, hazle sitio a tu lado!

PILI   ¡No, no! Yo quiero que se siente aquí. Tengo que preguntarle muchas cosas sobre el Polo Sur.

AMALIA   Pues yo quiero que se siente conmigo para enseñarle unos tangos.

NINES   Yo le puedo hacer sitio también. Pero no me importa que se siente donde le apetezca. Es todo un acto de amor y generosidad sentar a nuestra mesa y compartir nuestros alimentos con una persona que se siente sola y hambrienta en una noche tan especial. O en cualquier otra noche. Todos los días del año son días para dar amor.

YOLI   Y comida, sobre todo comida. Ha dicho que tiene hambre, no que la queramos.

PADRE   Pero nunca está de más amar al prójimo.

MADRE   Parece que tarda. ¿Seguro que están allí las sillas? A lo mejor no la encuentra. Amalia, ve a ver.

AMALIA   ¡Siempre me toca a mí!

          (*Se acerca a la salita. En ese momento se oye
          hablar a la* VECINA. AMALIA *se queda parada.*)

VECINA   (*En off.*) Hola. Soy yo de nuevo. Contesta-
          me, por favor.

          (AMALIA *hace señal de silencio al resto. Todos
          la miran haciendo gestos de* «*¿qué pasa?*».)

AMALIA   (*Bajito.*) Callaros, callaros. Está hablando
          por teléfono.

PADRE   (*Bajito.*) Amalia, es muy feo escuchar las
          conversaciones ajenas.

          (AMALIA *vuelve a hacer gesto de silencio.*)

MADRE   (*Bajito.*) ¿Y qué dice?

YOLI   (*Bajito.*) ¿Con quién habla?

AMALIA   No sé. Pero parece triste.

NINES   ¿Triste?

          (*Se levanta a escuchar. Los demás la siguen.
          Se amontonan junto a la puerta que da a la
          salita.*)

VECINA   (*En off.*) No entiendo este silencio. No sé
          qué pensar. Me siento sola y abandonada.

PADRE   Bueno, ya no está sola, la hemos invitado
               a cenar.

MADRE   ¡Shhhh!

VECINA   (*En off.*) Parece que no importe nada que
               me haya quedado sola esta noche.

PADRE   ¡Y dale!

YOLI   ¡Una pelea de novios! ¡Qué emoción!

PADRE   Puede que sea con su familia.

VECINA   (*En off.*) Por favor, contestá a mi mensaje.
               Adiós. (*Toda la familia sale corriendo a sus
               sillas. Pero la* VECINA *no aparece, sigue ha-
               blando por teléfono. Vuelven a colocarse en
               el sitio de escucha.*) Hola. Yo otra vez. Si no
               me llamás, no lo perdonaré en la vida.

NINES   No, Alejandra Gabriela Daniela Koplinski,
               hay que saber perdonar.

VECINA   (*En off.*) Este es el último mensaje que dejo.
               Adiós.

PADRE   ¡Que viene! (*Salen todos corriendo a sus si-
               llas. Entra la* VECINA *con una silla tratando
               de disimular su decepción.*) A ver, hacedle
               sitio. (*Todas hacen hueco. La* VECINA *está
               indecisa. Se queda parada con la silla en la
               mano. Finalmente se sienta en la esquina,*

junto al PADRE.) Adriana Gabriela Daniela Koplinski, ¿te ocurre algo? Pareces afligida. ¿Qué podemos hacer por ti?

MADRE   Anda, siéntate y come, que seguramente lo que te pasa es que tienes hambre.

TERE   Mamá, ¡tú todo lo arreglas comiendo!

PADRE   ¡Hombre! ¡Algo ayuda!

NINES   Yo creo que necesita más de alimento para su espíritu en estos momentos.

VECINA   No, la comida no me viene mal tampoco.

MADRE   Pues hale, toma. (*Le sirve comida.*) Y ya verás cómo después de comer te sientes mucho mejor. ¿Quizá estás echando de menos a tu familia?

NINES   Pobrecita. En una noche tan señalada es normal que eche de menos a sus seres queridos.

PADRE   Nosotros seremos tu familia esta noche.

VECINA   Yo ya tengo una familia.

PILI   Pero están muy lejos.

VECINA   Por suerte.

TODOS   ¿Cómo?

VECINA   Dije que por suerte. (*Todos la miran sorprendidos.*) Si conocieran a mi familia lo entenderían. Estoy feliz de haberme librado de tener que cenar con todos ellos.

YOLI   Pero dijiste que echabas de menos el choricito criollo.

VECINA   Sí, pero puedo prescindir hasta del choricito criollo con tal de no tener que soportar a mis cuñadas. Son unas boludas tocapelotas insoportables, por no hablar de sus malcriados hijos.

MADRE   O sea, ¿que perdiste el avión aposta?

VECINA   No, no había ningún avión. No pensaba ir. Ya se lo había avisado a mi familia, que mi primera Navidad la iba a pasar en Madrid, que a lo mejor, con suerte, hasta nevaba. Mi mamá estuvo a punto de venir para pasarla conmigo, por no tener que aguantar a sus nueras y a sus insoportables nietos, pero la convencí para que se quedara.

AMALIA   Pero dijiste que perdiste un avión porque te daba mucho miedo.

VECINA   Y… bueno, fue una excusa… dije lo primero que se me ocurrió. ¡No iba a llegar y empezar a contar mi vida! ¡Habría sido muy violento!

NINES   Entonces, ¿qué es lo que te tiene así de triste, si estás aquí porque lo elegiste?

VECINA   Pero no elegí pasarla sola.

TERE   Ya no estás sola. Estás con nosotros.

VECINA   Sí, porque son muy amables, pero si no, estaría sola, allí arriba en ese apartamento vacío. Triste y abandonada… (AMALIA *canta «Balada para una despedida».*) ¡No, por favor! ¡Pará, pará!

TERE   ¡Cállate Amalia! ¿No ves que le vas a romper el corazón?

VECINA   No, me va a romper el tímpano. El corazón ya me lo rompieron.

NINES   ¡Pobrecita! Si deseas contarnos el mal que te atormenta, quizá encuentres algo de consuelo.

MADRE   Es psicóloga. Seguro que sabe lo que tiene que hacer.

VECINA   Aún no tengo todas las herramientas para gestionar mi pena.

TERE   ¿Te ha dejado tu pareja?

VECINA   Me ha traicionado. Me ha fallado… ¡Uhmm! ¡Qué buena la sopa, señora! ¡La felicito!

MADRE   Llámame Manoli.

VECINA   Gracias, Manoli. A mí puede llamarme
             Adriana Gabriela Daniela.

MADRE   Koplinski, ¿no?

VECINA   No, Koplinski lo puede obviar. Hay con-
             fianza.

PADRE   Parece que te está sentando bien la sopa.
             «Las penas con pan son menos» y «lágri-
             mas con pan, pronto se secarán.»

VECINA   Yo me sé otro, «El fraile que pide pan, car-
             ne come si le dan».

MADRE   Pues tengo un corderito riquísimo.

PADRE   ¿Ves Tere cómo se alivian las penas con la
             comida?

VECINA   (*A* TERE.) ¿Vos sufrís de amores?

TERE   No, yo sufro porque alguien debería estar
             aquí y no está.

VECINA   Yo igual. Alguien debía estar aquí. Alguien
             me prometió que pasaría la Nochebuena
             conmigo en mi nueva casa y que traería la
             cena y me quedé esperando, y ese alguien
             no ha venido. Pero no quiero amargarles la
             noche contando mi vida.

YOLI   ¡No, por favor! ¡Cuenta, cuenta!

PILI   ¿Ves lo que pasa? Por eso prefiero entregar mi vida a las ballenas y a los osos. Ellos nunca te traicionan.

NINES   Pero a Tere no la han traicionado. Simplemente se quedó sin batería.

VECINA ¡Normal! ¡Siempre ocurre así! ¿No es cierto? Esa máquina infernal te falla cuando más lo necesitás, en el momento más inoportuno y te dejá tirada en cualquier lugar, en cualquier calle desconocida sin saber qué hacer ni a quién recurrir.

TERE   Eso mismo le ocurrió. Y ya no pudo venir a cenar con nosotros.

VECINA ¿Y no pudo tomar un taxi?

TERE   Es que no sabía la dirección.

VECINA ¿Y manejaba su auto sin saber a dónde ir?

TERE   Aquí lo llamamos móvil

VECINA Bueno, sí, automóvil.

TERE   ¿Qué automóvil?

VECINA ¡El que se quedó sin batería!

TERE   ¡Pero si no tiene carnet de conducir!

VECINA   Ah, nena, permitíme un consejo: Dejá esa relación: no te conviene una persona tan irresponsable siendo vos tan joven.

YOLI   ¡Alucino con la psicología!

TERE   ¡Se quedó sin batería en el móvil! ¡No sé qué manía tenéis todos con los coches!

AMALIA   ¿Te imaginas qué angustia?

PILI   ¡Y justo cuando le mandó la ubicación, zas, se acabó la batería!

YOLI   Y ya no pudo venir porque no sabía la dirección.

VECINA   ¿Era la primera vez que venía a esta casa?

NINES   Sí, ¿no te parece hermoso que Tere comparta su sentimiento de amor puro con su familia en una noche tan señalada y nos presente a la persona en la que ha depositado su corazón?

VECINA   ¿Vos sos monja?

YOLI   ¡Alucino con la psicología!

VECINA   Así que se quedó sin batería… y justo hoy era el día de presentar a la familia.

TERE	Sí, pobre... solo de pensarlo me entra una angustia...
VECINA	Pues es curioso, a mí me pasó algo parecido; solo que en mi caso no falló la batería, apagó el celular.
TERE	¿Apagó el móvil? ¿Cómo lo sabes?
VECINA	¿Vos creés que una persona que sale de noche de su casa hacia una dirección desconocida no toma la precaución de comprobar el estado de su celular? Lo que no alcanzo a comprender es por qué lo hizo, por qué me animó a que me quedara para pasar la Nochebuena en mi nueva casa, por qué me dijo que le hacía ilusión estar conmigo y que me quería... y me llamó para decirme que ya salía para acá, que traía una cena riquísima, que le mandase la ubicación... y nada más mandarla, desconecta el celular y no vuelvo a tener noticias. Ni siquiera responde a mis mensajes.
MADRE	¡Hombres! ¡No se puede una fiar! Bueno... de ti sí, Pepe.
VECINA	No es un hombre.
MADRE	¿Pepe?, ¡Cómo dices eso! ¡Mi Pepe es un hombre muy hombre!

VECINA ¡No, Manoli! ¡No hablaba de Pepe! De su marido quiero decir…

MADRE ¿Te referías a tu novio?

VECINA Novia.

MADRE ¿Perdón?

AMALIA ¿Tú también eres bollo?

MADRE ¡Amalia!

VECINA Me enamoré el mismo día que la vi. Nos conocimos hace apenas tres semanas, yo andaba por la calle buscando una dirección y le pregunté. Fue muy amable, me acompañó al lugar que buscaba, tomamos un té, nos intercambiamos los números de teléfono, nos empezamos a ver… ella estaba sola, yo también. Surgió el amor.

AMALIA ¡Ay va! ¡Qué fuerte!

MADRE ¡Otra!

TERE Mi novia también es una persona amable y cariñosa.

MADRE Tu amiga, Tere, tu amiga.

VECINA ¿La que se quedó sin batería?

TERE   Sí, pobre.

PILI   Nada más pasarle la ubicación, igual que tú.

VECINA   ¿Y no has intentado llamarla?

TERE   Todo el rato, pero sigue desconectada. Me da una pena inmensa imaginarla sola y perdida.

VECINA   ¿Cuánto tiempo ha pasado desde que se apagó su celular?

TERE   No estoy segura, pero unas dos horas.

VECINA   ¿Y no crees que ha tenido tiempo suficiente de volver a su casa y cargarlo?

TERE   Pues… no lo había pensado. ¿Por qué lo dices?

VECINA   Por nada. Solo que me parece muy extraño que no haya vuelto a su casa, cargar la batería y venir a conocerlos a ustedes y celebrar la Nochebuena como habían acordado.

TERE   ¿Crees que ha podido pasarle algo?

YOLI   ¿Llamamos a la policía?

AMALIA   ¡Sí, sí, por fa! ¡Qué emocionante!

MADRE   ¡Ni se os ocurra! ¡Era lo que nos faltaba!

TERE   ¡Me estoy empezando a preocupar!

VECINA   Tranquila, seguro que está bien. Es muy extraño todo esto.

AMALIA   ¡Y tanto! es la primera vez que conozco a dos tortis a la vez.

YOLI   Y las dos tienen una novia que está *missing*.

MADRE   ¡Amiga, Yoli!

YOLI   ¡Yolí, mamá! ¡Con acento en la i!

PILI   ¡Y encima se les fastidia el móvil cuando les llega la ubicación!

NINES   Los designios del Señor son inescrutables.

TERE   ¿Y dices que tu novia tampoco sabía dónde vives?

VECINA   No, hoy iba a conocer la casa. Venía por primera vez.

TERE   También era la primera vez que mi novia iba a venir. Y yo iría a su casa en Nochevieja.

VECINA   Yo iría a la suya en Reyes.

TERE   En Reyes nosotras no nos vamos a ver porque va a visitar a unos primos en Segovia.

VECINA   La mía también tiene familia fuera. Todos los sábados va a visitarla.

TERE   La mía los visita los domingos. Por eso nunca nos vemos en domingo.

VECINA   Nosotras no nos vemos los sábados. Pero nos vemos todos los miércoles para ir al cine.

TERE   Nosotras vamos los lunes. Jamás quedamos en miércoles.

VECINA   Ni los lunes. Nosotras no quedamos los lunes.

TERE   ¿Cómo se llama tu novia?

VECINA   Julia.

TERE   ¡No me lo puedo creer! ¡Se llama igual!

VECINA   ¿Igual que quién?

TERE   ¡Igual que mi novia!

VECINA   ¿Tenés alguna foto?

TERE   Sí. Esta es Julia.

              (TERE *muestra una foto con su teléfono. La* VECINA *saca el suyo y le muestra una foto también.*)

VECINA   Sí, la misma Julia.

TERE   Pero… ¡No puede ser!

           (*A punto de llorar.*)

VECINA   ¡Hace rato que lo sospechaba!

TERE   Pero… ¿por qué? ¿Por qué me haces esto?

VECINA   ¿Yo?

TERE   Sí, tú. ¿Por qué me quieres quitar a Julia?

VECINA   ¡Pero vos sos boluda! ¡Pensá un poco!

MADRE   Sí, hija, ¡pensá, pensá!

YOLI   ¿Por qué hablas así, mamá?

MADRE   ¡Ay, hija, no sé!

TERE   ¿Qué es lo que tengo que pensar? ¡Te has liado con Julia! ¡Eso es lo que pienso!

VECINA   Pero, ¿no te das cuenta de que nos ha engañado a las dos? ¡Yo no sabía que tenía una relación con vos! ¡Me engañó! ¡Y a vos también!

TERE   Pero… ¿Por qué? ¡No me lo puedo creer! ¡Me dijo que me quería! ¡Me ha engañado! ¡Se ha burlado de mí! ¡Y yo la quería!

¡Y ahora la odio! ¡La odio! ¡No quiero volver a verla! ¡Se acabó!

MADRE   ¡Alabado sea Dios!

NINES
/PADRE   ¡Por siempre alabado! ¡Amén!

MADRE   Pues, ¿sabéis lo que os digo? ¡que me alegro! ¡Que esa Julia no me gustaba nada! ¡Y que ni Julia ni Julio nos van a amargar la fiesta! Así que ¡hale! ¡que le den morcilla! ¡Aquí vamos a celebrar la Nochebuena con alegría! Y ¡Pili deja tu veganismo para mañana y ya hablaremos de los osos! ¡Y tú, Yoli!

YOLI   (*Interrumpiendo.*) ¡Yolí, mamá. Os lo tengo dicho, Yolí, con acento en la i!

MADRE   Bueno, pues Yolí con acento en la i; mañana mismo te llevas por ahí a Nines, le compras ropa bonita y le presentas a tus amigos… Quizá no esté todo perdido. Amalia, trae el almirez y la botella de anís que vamos a cantar. ¡Y que nada nos amargue la fiesta!

AMALIA   ¿Puedo cantar una de Perales?

TODOS   ¡No!

(Oscuro. Suena música muy alegre y festiva –«Fiesta» de Raffaella Carrá, por ejemplo– vuelve la luz, todos bailan y van a saludos. Telón.)

Fin.

Esta primera edición de *cinco hermanas*,
de Ana Hurtado, terminó de imprimirse
en mayo de dos mil veinticuatro,
en Madrid.